PAUL APPLETON

PROFESSEUR AGRÉGÉ A LA FACULTÉ DE DROIT DE L'UNIVERSITÉ DE LILLE

L'ABSTENTION FAUTIVE

EN

MATIÈRE DÉLICTUELLE, CIVILE ET PÉNALE

ESSAI CRITIQUE DE LÉGISLATION

(Extrait de la *Revue trimestrielle de droit civil*, Juillet-Août-Septembre 1912).

LIBRAIRIE
DE LA SOCIÉTÉ DU
RECUEIL SIREY
22, rue Soufflot, PARIS, 5e arrdt
L. LAROSE & L. TENIN, Directeurs

1912

L'ABSTENTION FAUTIVE

EN

MATIÈRE DELICTUELLE, CIVILE ET PÉNALE

IMPRIMERIE
CONTANT-LAGUERRE
LVX IN VITAM
BAR-LE-DUC

Paul APPLETON

PROFESSEUR AGRÉGÉ A LA FACULTÉ DE DROIT DE L'UNIVERSITÉ DE LILLE

L'ABSTENTION FAUTIVE

EN

MATIÈRE DÉLICTUELLE, CIVILE ET PÉNALE

ESSAI CRITIQUE DE LÉGISLATION

(Extrait de la *Revue trimestrielle de droit civil*, Juillet-Août-Septembre 1912).

LIBRAIRIE
DE LA SOCIÉTÉ DU
RECUEIL SIREY
22, rue Soufflot, PARIS, 5e arrdt
L. LAROSE & L. TENIN, Directeurs

1912

L'ABSTENTION FAUTIVE

EN

MATIÈRE DÉLICTUELLE, CIVILE ET PÉNALE

ESSAI CRITIQUE DE LÉGISLATION

Dans notre droit, la plus criminelle complicité morale peut laisser une personne à l'abri de toute responsabilité juridique. Une affaire qui n'est point ancienne [1] en a montré un exemple saisissant. Les faits furent rappelés dans toute la presse à la veille du verdict qui condamna la baronne de C... à la peine de mort et son fils R. de C... à vingt ans de travaux forcés. Tous deux avaient résolu l'assassinat du chef de famille et ce fut pendant longtemps une série de tentatives dont le baron de C... ne s'aperçut même pas. Le poison n'ayant pas produit l'effet attendu, on organisa un guet-apens. Embusqué derrière un taillis, le jeune R. de C... tua d'un coup de fusil son père qui rentrait confiant au logis au pas de son cheval. La domestique avait été au courant de toutes les tentatives; elle y avait assisté impassible; elle était avec ceux qui la nuit allaient écouter à la porte de leur victime si des râles annonçaient que le

(1) Voyez les journaux du 14 janvier 1911.

poison faisait son œuvre. Le jour des débats, elle n'était pas cependant à côté des accusés; elle comparut à la Cour d'assises, mais comme témoin.

Le public s'indignait à la pensée qu'un mot de cette fille aurait empêché ce crime abominable, que rien n'excusait sa conduite, qu'il lui aurait été facile, pendant les multiples tentatives criminelles, de prévenir quelqu'un, qu'elle n'aurait couru aucun danger... Le public s'indignait, mais notre législation ne permettait pas de l'inquiéter; l'intérêt qu'elle avait porté aux manœuvres des criminels ne la rendait coupable qu'en morale. Pas un jour de prison, pas un franc d'amende pour elle... et l'on pense à l'abominable exemple d'une telle impunité.

Ceux qui sont persuadés — et ils sont nombreux — que le mieux en toute occurrence est de laisser les victimes à leur sort, le pendu à son arbre et de se tenir à l'écart, avaient une preuve éclatante de cette vérité trop connue : on ne risque rien à demeurer spectateur, avec la pire lâcheté, sans prêter même le secours qui ne coûterait rien. Voilà le droit pénal; espère-t-on trouver mieux en consultant le droit civil ? On serait déçu.

La domestique n'a pas plus commis de délit civil que de délit pénal : rien ne l'obligeait à porter secours; la victime ou ses héritiers n'ont pas un centime d'indemnité à réclamer à celui qui n'a pas joué un rôle actif. Le droit romain posait cette règle avec rigueur : pour tout délit, un acte positif, une faute de commission était nécessaire; une négligence, une faute d'abstention ne suffisait pas. Et si quelques textes paraissent apporter des exceptions rares, en vérité ils ne dérogent pas à la règle, car la négligence se rattachait à un acte positif antérieur dont la diligence aurait pu arrêter les effets (1).

Notre droit contemporain n'est guère plus avancé. On peut le regretter en droit pénal comme en droit civil et se demander si une innovation législative se présenterait ici

(1) Girard, *Manuel élémentaire de droit romain*, traitant du *damnum injuria datum*, liv. III, IV, tit. I, chap. I, et de la théorie des fautes, liv. III, IV, tit. II.

comme un bouleversement inadmissible et romprait avec l'harmonie de nos lois. Il est permis d'en douter. Le droit pénal frappe — et de peines sévères — bien des actes commis sans intention de nuire : un geste maladroit de celui qui conduit une machine, un instant d'inattention sont punis lorsqu'ils ont causé la mort ou des blessures. La loi vous oblige à être habile, adroit, prudent, à prévoir les conséquences d'un acte qui ne vous avait pas paru dangereux; pourquoi ne vous obligerait-elle pas à un acte élémentaire lorsque vous voyez votre prochain en grave danger et que cet acte ne vous coûte rien?

La différence capitale, dira-t-on, c'est que la loi pénale ne frappe qu'un fait actif et qu'il s'agit d'une abstention. Or, d'après une doctrine connue sous le nom un peu barbare de « théorie du délit de commission par omission »(1), l'abstention n'est pas punissable. Et on donne comme exemple le riche qui refuse à un pauvre sur le point de mourir de faim et *dans une intention homicide avouée* un aliment indispensable, pour lui-même sans valeur. Il n'encourt aucune peine (2). Il en est de même si une personne, pour empêcher l'habitant d'une maison de fuir un incendie, s'abstient de dresser une échelle contre le mur, ce qu'elle pouvait faire sans péril, ou si le voisin d'un paralytique ou d'un malade refuse d'aller chercher un secours urgent(3). Telles sont, en effet, les solutions couramment données comme résultant de nos textes de droit pénal actuel. Mais paraissent-elles satisfaisantes et ne doit-on pas chercher à les modifier?

Au demeurant, nos lois criminelles ne sont peut-être pas si hostiles à toute punition de l'abstention qu'on a coutume de le dire. Qu'on ouvre le Code pénal; l'article 475, n. 12, punit par exemple celui qui, requis par un garde champêtre, ne

(1) On consultera utilement sur cette question la thèse de M. Gand (Paris, 1900) et le compte rendu qu'en a donné M. Lerebours-Pigeonnière dans la *Revue pénitentiaire* (1901, p. 716); enfin un ouvrage qui fait autorité, le *Code pénal annoté* de M. Garçon, sous l'article 295, n°s 14 et s. et pour les blessures, violences et voies de fait, le même ouvrage sous l'article 311, n° 47.

(2) Garçon, *op. cit.*, sous l'article 295, n° 20.

(3) Garçon, *op. cit.*, sous l'article 295, n° 21.

se joint pas à ceux qui font la chaîne pour éteindre une meule de paille en feu. Il est vrai que ce texte exige deux conditions. Il faut d'abord que l'événement puisse être considéré comme une calamité publique; s'il ne s'agissait que d'un accident individuel, le refus demeurerait sans sanction (1). Il a été jugé par la Cour de cassation (2) qu'une sage-femme, requise de prêter son assistance à une malheureuse qui en avait le plus urgent besoin, ne tombait pas sous les prévisions de l'article 475 du Code pénal. Il a été jugé aussi qu'une aubergiste n'avait encouru aucune peine en refusant de recevoir, malgré la réquisition de la gendarmerie, accompagnée d'un membre du conseil municipal, qui représentait le maire absent, une personne trouvée mourante dans le fossé (3). On pourrait multiplier les exemples.

Pour être applicable, le texte suppose en outre que la réquisition n'est pas faite par un simple particulier. On se rappelle le lamentable accident de la Faloise, qu'un éloquent hommage du chef du gouvernement aux courageuses victimes a récemment remis en mémoire : des ouvriers travaillent sur la voie ferrée; soudain le train gronde, dans la précipitation, un cric est imprudemment baissé; l'un d'eux a la main prise, il est cloué au rail. Les autres, déjà à l'abri, s'élancent à son secours; mais la locomotive arrive et, quand le bruit de tonnerre s'éloigne, trois morts sont sur la voie. — Modifiez un peu les circonstances : l'homme a la main prise, le train est loin et le seul témoin qui pourrait d'un geste sans danger élever le cric reste sourd aux appels de la victime; il suffirait d'aller prévenir le garde-barrière ou de se porter au-devant du train en faisant des signaux. Il n'en fait rien, il veut voir le drame. Qu'on ne crie pas à l'invraisemblance : la mort tragique a toujours trouvé des spectateurs, depuis le cirque romain jusqu'à notre régime d'exécution capitale. Rappelez-vous donc aussi la domestique du baron de C... — Même la peine légère de l'article 475 du Code pénal ne serait pas applicable; c'est un accident individuel et il

(1) Blanche, *Etudes pratiques sur le Code pénal*, t. VII, n° 387, p. 478.
(2) 4 juin 1830, *Bull. crim.*, n° 156.
(3) 17 juin 1883, *Bull. crim.*, n° 215.

n'y a pas là d'agent pour faire une réquisition efficace. Cependant le spectacle d'un homme qui va mourir vaut peut-être comme mise en demeure la réquisition d'un garde champêtre ou d'un pompier. Ne faudrait-il pas généraliser le texte? C'est la question. Mais pour l'instant, ce que nous voulons retenir, c'est que la loi pénale a depuis longtemps prévu certaines omissions, la disposition de l'article 475, nº 12, nous en donne un exemple; une disposition nouvelle ne serait donc pas un bouleversement, mais une simple extension.

Bien mieux encore, la loi du 19 avril 1898 est venue ajouter à l'article 312 du Code pénal des dispositions protectrices de l'enfance qui ne supposent pas un fait positif et se rapprochent de celle qui nous paraît désirable : « Quiconque aura volontairement fait des blessures ou porté des coups à un enfant au-dessous de l'âge de quinze ans accomplis ou *qui l'aura volontairement privé d'aliments et de soins* au point de compromettre sa santé, sera puni d'un emprisonnement de un à trois ans et d'une amende de 16 à 1.000 francs ». Il ne suffit donc pas de se retrancher derrière la prétendue nécessité d'un fait positif pour punir; lorsqu'il est bon et nécessaire que la loi sévisse contre une abstention, aucun principe supérieur et intangible n'y fait obstacle (1).

Nous avons dit que la loi civile paraît également insuffisante. Prenons un exemple : un promeneur jette l'allumette qu'il croit avoir éteinte; elle tombe sur des brins d'herbe sèche et le feu va se propager à des granges, à des maisons d'habitation. Si la preuve est faite de l'origine de l'incendie, la responsabilité du promeneur est complète, indéfinie, le dommage s'élèverait-il à des millions. Mais si, derrière le promeneur, un homme a vu jeter le tison, s'il a compris le danger et deviné que bientôt toute la maison brûlerait, si au moment d'écraser du pied les premières

(1) On pourrait multiplier les exemples. Signalons encore la peine édictée contre le médecin qui ne déclare pas la maladie contagieuse qu'il est appelé à soigner; celle qui frappe les propriétaires d'animaux atteints de maladies épidémiques comme la fièvre aphteuse et qui ne font pas la déclaration imposée par la loi.

herbes noircies (1), il s'est ravisé et a voulu laisser l'incendie éclater, celui-là n'encourt aucune sorte de responsabilité, même si des personnes avaient péri dans le feu. Il pourra, témoin bien renseigné, servir à prouver la responsabilité du promeneur imprudent, raconter ce qu'il a vu et faire condamner l'involontaire auteur du sinistre.

Pourquoi ces deux hommes sont-ils traités si inégalement? Cette différence choquante s'impose-t-elle et ne peut-on rien répliquer à celui qui, alléguant sa simple inaction, tient en vérité ce raisonnement : « Je ne suis pas en faute, car je n'ai rien fait, or c'est mon droit de ne rien faire »? Chacune des prémisses du syllogisme doit être incontestable pour que la conclusion soit intangible.

Tout de suite les objections se présentent. Il est d'abord une doctrine, bien connue aujourd'hui, qui refuse l'irresponsabilité dans certains cas à celui qui répond *jure feci;* c'est la théorie de l'abus du droit (2). Il serait superflu de rappeler les nombreuses applications qu'en a données la jurisprudence : celui qui construit sur son terrain ce qu'il a le droit de construire, ce qui n'appellerait aucune critique si le propriétaire avait à cette construction le moindre intérêt légitime, pourra être en faute, s'il est établi que cet ouvrage a été édifié uniquement dans le but de causer un dommage au voisin. En supposant que l'abstention soit en principe un droit, n'estimeriez-vous pas que la domestique du baron de C... en a *abusé?*

Mais l'abstention est-elle toujours et évidemment un droit? Nous ne le pensons pas. Peu importe, on le remarquera, qu'on adopte l'une ou l'autre des théories générales sur la responsabilité délictuelle qui sont aujourd'hui en présence :

(1) L'hypothèse n'est pas chimérique : un professeur de la Faculté de droit de Paris nous racontait à l'occasion de cet article qu'il avait dû aider à éteindre un commencement d'incendie causé par une pièce d'artifice et qui pouvait entraîner les plus grands dommages : des paysans avaient vu les débris de fusée tomber et allumer quelques herbes sèches; mais ils étaient demeurés spectateurs inactifs.

(2) Nous utilisons ici l'expression passée dans la langue sans rechercher si, au fond des choses, l'usage abusif sort du droit et si, par suite, l'expression « abus du droit » est une fâcheuse terminologie. Il y a, en pareil cas, acte *contraire* au droit d'après M. Planiol, *Traité*, 5e éd., t. II, no 871.

responsabilité objective ou subjective. Les représentants les plus autorisés de la responsabilité objective n'entendent pas exclure d'une manière absolue l'idée de faute dans la théorie générale de la responsabilité (1). Dès qu'une personne a commis une faute dont les conséquences sont dommageables, ils reconnaissent sa responsabilité et, par suite, leur doctrine ne s'oppose pas à ce que cette responsabilité existe si telle omission est déclarée fautive (2). Quant à la théorie subjective, qui trouve son expression notamment dans l'ouvrage d'un éminent civiliste, M. Planiol (3), elle fait toujours découler la responsabilité d'une faute, de la violation d'une obligation préexistante. Mais elle n'implique pas que la faute *in omittendo* doive être distinguée de la faute *in committendo*.

(1) On ne saurait, à notre avis, admettre une conception excluant complètement l'idée de faute et fondant uniquement la responsabilité sur un fait objectif de préjudice (Cf. Emmanuel Lévy, *L'exercice du droit collectif*, *Revue trimestr. de dr. civ.*, 1903, p. 96). On a montré que notamment toute concurrence entraîne préjudice pour le voisin et une telle doctrine condamnerait l'homme à « la plus stupide immobilité » (Planiol, *Études sur la responsabilité civile*, *Revue critique*, 1905, p. 289. Cf. R. Beudant et Capitant, *Théorie générale de la responsabilité civile* [*Annales de l'Université de Grenoble*, 1906, p. 164 et s.]).

(2) Saleilles (*Les accidents du travail et la responsabilité civile, Essai d'une théorie objective de la responsabilité délictuelle*, Paris, Rousseau, 1897, p. 4, n° 4) écrit : « Un accident se produit : sans doute, si celui qui en est l'auteur l'a voulu ou que sa négligence grossière en soit la cause, qu'on lui impute toutes les suites de sa faute, rien de plus juste; c'est le principe de la réparation intégrale fondée sur la faute ».

L'appréciation toute contingente et subjective d'une faute n'est pas contraire à la doctrine objective. M. Josserand, qui a si brillamment défendu cette théorie dans son livre *De la responsabilité du fait des choses inanimées* (Paris, Rousseau, 1897), écrit dans son étude *De l'abus des droits* (Paris, Rousseau, 1905, p. 43) : « L'examen des solutions jurisprudentielles nous fournit un point de repère précieux qui nous évitera bien des tâtonnements et des scrupules, à savoir le caractère essentiellement *subjectif* de l'abus des droits. Cette notion se caractérise, non par les résultats de l'acte accompli, mais par le mobile qui l'a fait accomplir, non par l'intensité du dommage causé à autrui, mais par l'état d'âme de l'agent; l'action humaine est ici étudiée en tant que phénomène de volition : c'est le but poursuivi qui constitue et qui dénonce l'abus ».

(3) *Traité élémentaire de droit civil*, 5e édit., t. II, nos 862 et s., spécialement p. 288, note 2 et encore *Études sur la responsabilité civile*, *Revue critique de législation*, 1905, p. 277 à 292. C'est à cette conception que s'attache le nouveau Code civil allemand.

Ne serait-il pas naturel que nous ayons l'obligation de porter un secours sans risque et sans charge au prochain en péril? La solidarité qui nous unit, au nom de laquelle on demande tant de sacrifices et parfois sans une impérieuse nécessité, ne nous oblige-t-elle pas? En vérité qu'y aurait-il d'étonnant à une telle obligation (1)? Au fond des choses, pourquoi cette différence fondamentale entre le fait actif et l'abstention dans une intention criminelle? Notre droit est-il obligé, par je ne sais quelle conception rudimentaire, de s'attacher au geste? Au point de vue moral, au point de vue du dommage subi, au point de vue de la relation entre ce préjudice et la faute inexcusable d'abstention, on ne trouve pas de raison de distinguer. Nous sommes peut-être en face d'un de ces cas où la règle juridique s'est formée parce qu'elle correspond à une idée simple, bien qu'incomplète ou fausse, et elle demeure par une sorte de routine sans que, pendant de longues années, on songe à éprouver sa solidité. On souffre de solutions iniques, mais le principe traditionnel vous a si bien pénétré qu'on vit avec son mal;

(1) D'éminents juristes n'ont pas hésité à l'admettre. Toullier fut du nombre. Bien mieux, il considérait que notre droit positif reconnaissait cette faute par omission : « La disposition de l'article 1382 du Code civil, écrivait-il (*Le droit civil français*, 5e éd., 1830, t. XI, no 117, p. 148), comprend sous le nom de *fait*, la faute que commet celui qui, pouvant empêcher une action nuisible, ne l'a pas empêchée. Il est censé l'avoir faite lui-même. C'est, en effet, une sorte de complicité que de ne pas empêcher une action nuisible quand on en a le pouvoir, on doit donc en répondre civilement ». Mais cette conception n'a pas triomphé. Voyez en droit civil, Aubry et Rau (*Traité*, 4e éd., § 444, p. 746) : « Tout délit consiste dans un fait de l'homme. Ce fait peut être un fait négatif ou d'omission aussi bien qu'un fait positif ou de commission. *Toutefois une personne qui, par quelque omission, a occasionné un dommage à autrui, n'en est responsable qu'autant qu'une disposition de la loi lui imposait l'obligation d'accomplir le fait omis* ». Et MM. Lyon-Caen et Renault, traitant de l'assistance maritime chez nous facultative, écrivent (*Traité de droit commercial*, 4e éd., t. VI, nos 1067 et s.) : « Il n'y a là qu'une obligation morale, un devoir. Cette absence d'obligation légale est conforme aux principes généraux de notre législation; en règle, une personne est bien tenue légalement, sous la sanction civile des articles 1382 et 1383 du Code civil, et sous des sanctions pénales diverses, variant avec les faits, de ne pas commettre d'acte dommageable à autrui, mais une personne n'est pas, au contraire, légalement tenue d'accomplir des actes avantageux à d'autres personnes, en empêchant celles-ci de subir un dommage dont elles sont menacées ».

c'est le droit, dit-on, et on ne cherche même pas le remède.

Les obligations actives pèsent sur nous de tous côtés, depuis celle de balayer la neige au-devant de la maison jusqu'à celle d'offrir sa vie en cas de guerre, en passant par l'obligation de payer des contributions qui serviront à l'ensemble des concitoyens ou à quelques-uns d'entre eux, à secourir par exemple les membres de la société malades, âgés ou sans ressources. Les contributions du paralytique servent à entretenir des promenades, celles d'un ennemi du théâtre à subventionner des spectacles, celles de l'antimilitariste à préparer la guerre..... Et cette solidarité au nom de laquelle on nous impose tant d'obligations, ne comporterait pas l'obligation de secours élémentaire! Tout de même, cet antimilitariste, le jour où on lui assigne le poste où il trouvera la mort, doit trouver singulier de se faire tuer pour des concitoyens dont aucun ne serait tenu même d'appeler au secours s'il se noyait.

Certes, dans un cas il y a intérêt général, dans l'autre danger individuel, mais y a-t-il là raison suffisante de distinguer? Est-il logique que je sois tenu d'obéir à la réquisition du pompier quand une bicoque brûle et que la bonne du baron de C... soit en règle avec la loi en l'ayant laissé assassiner? L'incendie souvent ne met en jeu que des intérêts tout particuliers. La maison est isolée, seul le propriétaire souffrira de sa perte, la réquisition de secours est cependant obligatoire. Les témoins en matière civile sont appelés dans le pur intérêt privé d'une partie et cependant, s'ils se dérobent à l'obligation active de venir déposer devant le juge-commissaire, le Code de procédure (art. 263) édicte contre eux des sanctions, amendes et dommages-intérêts; ne pas venir est une simple abstention, mais la loi a considéré qu'il y avait une obligation préexistante d'apporter son témoignage lorsqu'on est appelé par un plaideur à déposer. Serait-il plus anormal de considérer comme une obligation aussi de venir au secours d'une personne en danger? Le devoir n'est-il pas aussi évident? L'abstention n'est-elle pas plus coupable et l'appel de la personne en détresse ne vaut-elle pas la citation à témoin?

Un autre exemple peut être emprunté au droit maritime. Dans nombre de pays, l'obligation d'assistance, lorsqu'un navire est en détresse, est édictée expressément : le Code de commerce italien pour la marine marchande l'impose au profit de tout navire même étranger, même ennemi. Elle est aussi établie dans les Pays-Bas et en Autriche (1). Chez nous, l'assistance est en principe facultative (2); toutefois, elle est obligatoire en cas d'abordage (3) et le secours est dû, aussi bien par le navire abordé que par l'autre. Le capitaine de chacun des navires doit secours à l'autre sous des sanctions pénales. L'assistance est en outre obligatoire, même en dehors des cas d'abordage, entre navires de commerce et vaisseaux de guerre. L'article 273-3° du Code de justice militaire pour l'armée de mer punit de la destitution tout commandant de forces navales qui a refusé secours à un ou plusieurs bâtiments amis ou ennemis implorant son assistance dans la détresse. L'article 362 édicte une peine de prison contre tout capitaine d'un navire de commerce français qui refuse de prêter assistance à un bâtiment de l'État en danger.

Il n'est donc pas exact de dire que l'obligation d'agir n'existe jamais qu'au profit de la collectivité. D'ailleurs, croit-on que l'intérêt général ne souffre pas de l'abominable exemple d'une scandaleuse irresponsabilité? Aussi bien, d'excellents auteurs, MM. R. Beudant et H. Capitant (4), l'ont montré : la faute délictuelle peut parfaitement consister en une abstention; un fait positif n'est pas nécessaire, une négligence suffit, car tout homme doit être diligent et attentif. Il est vrai que ces auteurs ont trouvé un autre obstacle à la responsabilité pour abstention, c'est l'absence de relation de cause à effet entre l'abstention et le dommage et ils ont dit : « Pour qu'une abstention soit considérée comme une faute, il faut que la négligence ait été la cause initiale

(1) Voyez sur tous ces points, l'ouvrage de MM. Lyon-Caen et Renault, *Traité de droit commercial*, 4e éd., t. VI, nos 1067 et s.

(2) Lyon-Caen et Renault, *loc. cit.*

(3) Article 4 de la loi du 10 mars 1891.

(4) *Op. cit.*, p. 133 et s.

et déterminante du dommage éprouvé par un tiers ». Là serait la raison de l'irresponsabilité d'une personne qui laisse périr méchamment son voisin faute de secours. Cette nouvelle objection à notre conception ne nous paraît pas fondée. Au point de vue législatif, d'abord, pourquoi cette distinction? Quelle est la raison profonde qui la justifierait? Trouve-t-on juste et satisfaisant, dans l'exemple précédemment donné, de rendre responsable de l'incendie celui qui a jeté l'allumette et d'exonérer de toute sanction celui qui a laissé l'incendie se déclarer? Ces auteurs citent comme exemple, et ils reconnaissent la responsabilité du propriétaire d'une ruelle servant aux habitants d'une maison qui néglige de signaler le soir au moyen d'un fanal une tranchée pratiquée dans le sol (1). Comme ces mêmes auteurs repoussent l'idée de responsabilité fondée sur la violation d'une obligation préexistante (2), on voit mal la différence qu'ils établissent entre ce cas et celui où une personne quelconque, autre que le propriétaire de la ruelle, mais connaissant la tranchée, négligerait de dire casse-cou au passant qui, si on ne l'arrête pas, va se tuer. Dans les deux cas, l'accident provient d'un concours de circonstances : la tranchée creusée, l'obscurité de la nuit, la sortie du passant; seulement il aurait été empêché par un acte positif : on peut reprocher une abstention au propriétaire qui n'a pas placé de fanal; mais ne peut-on pas reprocher aussi une abstention à la personne qui prévoit l'accident et ne prévient pas le passant?

Au point de vue du droit positif actuel, cette distinction ne nous paraît pas non plus échapper à la critique. La jurisprudence n'a pas hésité, en matière d'accidents du travail et dès avant la loi de 1898, à admettre la responsabilité, même lorsque l'abstention retenue comme faute n'avait pas été la cause initiale et déterminante du dommage; MM. R. Beudant et H. Capitant sont les premiers à le reconnaître. De même encore, lorsqu'un navire abordé est obligé de porter secours au navire abordeur qui va couler, n'est-il

(1) *Op. cit.*, p. 141.
(2) P. 138.

pas évident que l'abstention cependant ne serait pas la « cause initiale et déterminante du dommage éprouvé » par le navire abordeur? La responsabilité n'en existe pas moins cependant.

A chaque instant, un accident se produit sans que le fait de l'homme en soit la cause initiale et déterminante. Cette cause se trouve dans des circonstances contingentes, des événements extérieurs, mais l'homme est en mesure d'éviter l'accident. C'est le cas d'un train accidentellement immobilisé par un éboulement par exemple; si le conducteur du convoi ne va pas faire les signaux qui arrêteront le train suivant, on ne pourra pas plus dire que son inaction est la cause initiale et déterminante de l'accident que pour celui qui néglige d'éteindre des premières herbes enflammées. Et cependant son inaction est fautive, elle engage sa responsabilité. En vérité, rien ne s'oppose à ce que la responsabilité d'une personne existe si le dommage ne se serait pas produit sans son abstention inexcusable.

J'entends une objection : il n'est pas possible d'obliger un tiers à se porter au secours de toute personne en danger; il ne peut y avoir d'obligation légale à défendre un passant contre ses agresseurs armés ou à se jeter à l'eau pour tenter de sauver une personne au péril de sa vie. Nous l'admettons volontiers et la formule législative devrait restreindre la faute d'abstention au cas où le secours était sans danger et n'entraînait pas de conséquences onéreuses. — Il ne nous semble pas que cette formule soit impossible à découvrir. La loi pourrait, par exemple, être ainsi conçue :

« Quiconque, en présence d'un danger grave et imminent menaçant une personne, aura sans excuse légitime, négligé de lui porter secours, alors que ce secours n'entraînait ni danger ni charge sérieuse, sera puni des peines de l'article 319 du Code pénal (homicide par imprudence), si la personne en danger est morte faute de ce secours; des peines de l'article 320 du Code pénal (blessures par imprudence), si cette personne a seulement été blessée; dans les autres cas, de la peine édictée par l'article 475 du Code pénal. La responsabilité civile résultant de cette faute par omission sera assimilée à celle qui résulte d'une faute par commission ».

Ainsi la loi resterait bien en deçà de ce que le devoir moral commanderait et, toutes les fois qu'un obstacle aurait rendu excusable l'abstention, on échapperait à la responsabilité.

Voudrait-on encore objecter qu'une telle disposition laisserait au juge une dangereuse liberté d'appréciation? Ce serait oublier qu'il a en matière civile ou pénale une liberté d'appréciation infiniment plus large. S'agit-il d'un délit civil? la détermination de la faute, de l'imprudence, de la maladresse donne au juge un pouvoir singulièrement plus grave. En matière pénale, l'appréciation de cette même faute pour les délits comme l'homicide ou les blessures par imprudence, de l'intention frauduleuse dans nombre d'infractions, suppose encore un pouvoir plus large et plus dangereux. Ce pouvoir est nécessaire et il n'est pas exorbitant. Dans le texte qui pourrait prévaloir et dont nous avons donné une formule, le juge serait maintenu dans les limites étroites d'une faute inexcusable.

La question d'appréciation et la difficulté de preuve étaient infiniment plus délicates pour l'assistance maritime. Lorsque la loi de 1891 a imposé l'obligation d'assistance en cas d'abordage, elle a dit : « Après un abordage, le capitaine est tenu, *autant qu'il peut le faire sans danger pour son navire, son équipage et ses passagers*, d'employer tous les moyens dont il dispose pour sauver l'autre bâtiment, son équipage et ses passagers du danger créé par l'abordage. *Hors le cas de force majeure*, il ne doit pas s'éloigner du lieu du sinistre avant de s'être assuré qu'une plus longue assistance leur est inutile... ». Dans les législations qui admettent l'obligation d'assistance d'une manière générale et dans la nôtre où elle est restreinte aux rapports réciproques des vaisseaux de guerre et des navires de commerce, de grandes difficultés de preuve peuvent naître; le capitaine a-t-il connu les signaux, les a-t-il compris? Pouvait-il porter secours? Les juges sont là pour trancher ces questions, c'est leur fonction; la loi a eu le soin de dire :

« Tout commandant... qui a, *sans motif légitime*, refusé des secours... ».

Le texte proposé réagirait contre l'égoïsme malfaisant; au fond, il n'est pas vrai et il n'est pas juste qu'on puisse se désintéresser du malheur d'autrui; quand on peut y porter remède sans inconvénient, c'est une véritable obligation d'agir. Une loi qui mentionnerait un cas où cette obligation est particulièrement pressante, ne serait pas inutile, elle influerait peut-être sur les idées et les mœurs. Le principe posé a une autorité par lui-même, comme il y a des idées-forces (1). Il n'est pas bon qu'on puisse dire : j'agis selon mon droit et la loi me couvre lorsque je refuse le secours élémentaire au prochain en péril. Les enfants victimes de crimes et de délits seraient mieux protégés. Que de fois ils ont été martyrisés des mois et des années sans que les spectateurs, même quand ils n'avaient rien à craindre, aient rien dit! Ce spectacle ne les révoltait pas; ils pourraient s'en réjouir, la loi ne déclare pas ce plaisir illicite. La sanction est utile, ne serait-ce que pour stimuler ceux qui par lâche négligence laissent indéfiniment le mal s'accomplir. La critique a souvent constaté qu'au théâtre les spectateurs participent à la pièce, que leur émotion ou leur indifférence influe sur le jeu des acteurs, les soutient ou les paralyse; dans la vie, il en est de même et ceux qui assistent aux violences et aux crimes en n'intervenant pas quand ils peuvent empêcher, encouragent; leur silence est une approbation et ils ne sauraient être sans responsabilité.

Un drame — qui tout récemment avait son épilogue devant les assises de Tours — amenait comme témoin une femme dont le mari avait été assassiné par le tendre ami de la dame. Elle avait été arrêtée et longtemps on avait cru à sa complicité, mais elle fut remise en liberté. Souvent la question lui fut posée : Vous saviez que votre mari allait être tué, vous avez connu le crime que votre ami prémé-

(1) A ce point de vue une disposition législative formelle nous paraîtrait bien préférable à un revirement de la jurisprudence qui adopterait, par exemple, l'opinion de Toullier. De plus, un texte aurait l'avantage de pouvoir édicter une responsabilité pénale.

ditait. Serait-il admissible qu'elle échappât à toute responsabilité civile et pénale, s'il avait été prouvé que, sans prendre une part active au crime, elle avait su qu'il allait se commettre, si elle répondait : oui certes je savais, quand mon mari m'a quittée, qu'il ne reviendrait pas, mais il me plaisait de recouvrer ma liberté par ce crime auquel je n'ai pas collaboré; j'aurais pu d'un mot arrêter le bras de l'assassin ou prémunir mon mari. Il m'a plu de ne rien faire : *jure feci* (1)?

Veut-on un autre exemple emprunté encore à un procès contemporain? Une malheureuse aliénée, appartenant à une famille plus qu'aisée, fut enfermée pendant de longues années dans une chambre sans air et sans lumière, sur un grabat immonde et dans un état de malpropreté impossible à décrire, au point que cette absence complète de surveillance et de soins pouvait compromettre la santé et même l'existence de cette malheureuse. Le frère, parfaitement au courant de cette situation, n'avait rien fait pour y mettre un terme. Il fallut renoncer à sévir contre lui, car il avait conservé un rôle passif (2). Est-ce là une bonne législation? S'harmonise-t-elle avec les dispositions prises en 1898 contre ceux qui laissent dépérir un enfant faute de soins? L'aliéné est-il moins digne de protection? L'homme qui se noie ou que des bandits ont laissé attaché peut-il mieux se défendre, ou ne mérite-t-il pas un secours indispensable et facile?

Non; si le courage ne peut être imposé comme obligation, la lâcheté indifférente ou hostile ne saurait être un droit.

(1) On a pu songer à dire qu'en pareil cas, il y a une obligation préexistante, celle d'assistance établie par la loi entre époux, mais les criminalistes n'admettent pas que cela suffise à rendre pareille abstention punissable. Voyez Garçon, *C. pén. annoté*, sous l'article 295, nº 25 : « De même encore, le mari est tenu d'un devoir de protection vis-à-vis de sa femme; ce devoir résulte expressément de la loi. Cependant, il paraît impossible de soutenir qu'il sera coupable de meurtre ou d'assassinat parce que, sachant qu'elle doit mourir, il s'est abstenu de la secourir ».

(2) Poitiers, 20 nov. 1901, Monnas, S. 1902. 2. 305, note de M. Hémard, D. 1902. 2. 81, note de M. Le Poittevin : *Code pénal annoté* de M. Garçon, sous l'article 311, nº 49.

BAR-LE-DUC. — IMPRIMERIE CONTANT-LAGUERRE.

IMPRIMERIE
CONTANT-LAGUERRE
LVX VITAM
BAR-LE-DUC

www.ingramcontent.com/pod-product-compliance
Ingram Content Group UK Ltd.
Pitfield, Milton Keynes, MK11 3LW, UK
UKHW020452220726
13923UKWH00005B/2486